Bild von Sabine Szabo (www.sabine-szabo.ch)

Marcel Dietler

Der zwangspensionierte Gott

Ein Blick aus der Zukunft in die Vergangenheit und Gegenwart

Bibliografische Information der Deutschen Nationalbibliothek: Die Deutsche Nationalbibliothek verzeichnet diese Publikation in der Deutschen Nationalbibliografie; detaillierte bibliografische Daten sind im Internet über http://dnb.dnb.de abrufbar.

www.marceldietler.ch

Umschlagbild: Sabine Szabo (www.sabine-szabo.ch)

Layout und Lektorat: Urs und Kathrin Meier

Herstellung und Verlag: BoD – Books on Demand, Norderstedt

ISBN: 9783752628975

Vorwort

Eigentlich wollte ich nie Bücher schreiben. Kindern und Erwachsenen habe ich gerne Geschichten erzählt, Weihnachtsgeschichten auf Wunsch sogar vervielfältigt – aber Bücher schreiben: Das lass sein! Vielleicht ist mir das Bibelwort eingefahren: *Mein Sohn, lass dich warnen! Des vielen Büchermachens ist kein Ende.* (Prediger 12,12) Freunde haben mich gedrängt, immer wieder, und schliesslich, im Alter von 82 Jahren, habe ich dem Drängen stattgegeben und daraufhin innerhalb eines Jahres vier Bücher geschrieben. Das fünfte, mein Roman *Der Hyänenflüsterer vom Wasserfall,* wird 2021 erscheinen. Dieser Titel lässt nicht erahnen, dass der Hyänenflüsterer der im Neuen Testament nur zweimal erwähnte Simon von Kyrene ist, der Mann, der gezwungen wurde, Jesus das Kreuz tragen zu helfen. Der unverdächtige Titel wird möglicherweise einige Leserinnen und Leser, die weder mit der Bibel noch mit Jesus etwas anfangen können, dazu bewegen, nach diesem Buch zu greifen. *Der Hyänenflüsterer vom Wasserfall* ist meiner Meinung nach das Beste, was ich je geschrieben habe, und so beschloss ich, dieser Roman müsse meine kurze Altersschriftstellerei als Krönung abschliessen.

Es war Herbst 2020, als das Skript fertig war. Schluss mit der Bücher-Schreiberei. Doch im Corona-Jahr wollte ich unseren Verwandten, Freunden und Bekannten wenigstens einen guten Weihnachts-Neujahrsbrief schicken. Am Ende von Vreni und Marcel Dietlers irdischem Leben durfte es jedoch nicht einfach ein Jahresüberblick sein, es sollte ein Brief werden zum Thema *einst und jetzt.*

Ein Weihnachtsbrief darf nicht mehr als zwei Seiten umfassen, sonst liest ihn niemand. Bei Seite 3 stockte ich, schrieb dann aber weiter. Ich fürchte, damit liegt bereits ein Skript zu einem weiteren Buch vor, zwar nur ein kleines, aber doch auch wieder ein Buch. Ein Weihnachtsgeschenk für unsere Freunde und Bekannten.

Marcel Dietler

Inhalt

Der Chef und die Juniorpartner

Von Zeit zu Zeit seh' ich den Alten gern. Das ist ein bekanntes Wort aus Goethes Drama *Faust*. Der Alte war zu Goethes Zeiten offenbar nur teilpensioniert, sein schrittweiser Ausstieg wurde erst vorbereitet. Selbst in meiner Generation erschien er zunächst noch täglich im Betrieb. Er erkundigte sich nach unserem Wohlergehen, hatte ein gutes Wort, brachte ein Geschenk. Die Juniorchefs liessen sich gerne von ihm beraten. Heute ist das anders. Wir haben ihn pensioniert. Er hat sich gewehrt, doch wir haben ihn entmündigt und zur Ruhe gezwungen. Bei einer Taufe laden wir ihn nach wie vor gnädig ein, bei Trauungen immer seltener. Bei Trauerfeiern war er bis vor kurzem noch jedes Mal dabei, doch heute bemühen wir ihn nicht mehr. Was soll er auch an Abschiedsfeiern von Ur-Ur-Urenkeln, die ihn gar nicht gekannt haben?

Wir Achtzig-, Neunzig- und Hundertjährigen blicken auf ein langes Leben zurück. In dieser langen, aber gleichzeitig auch sehr kurzen Zeit haben sich Veränderungen ereignet, wie sie zuvor in hunderten von Jahren nicht möglich waren. *Antike* nennt man die Zeit von ca. 600 v.C. bis 600 n.C. im Mittelmeerraum; mehr als tausend Jahre waren die Menschen im Mittelmeerraum dieselben geblieben. Nach der Antike umfasste auch das Mittelalter in ganz Europa wieder gut tausend Jahre. Doch dann ging es auf einmal rasend schnell: Kaum waren die ersten primitiven Fahrräder erfunden worden, landeten die Menschen bereits auf dem Mond. In den Altersheimen und auf den Pflegeabteilungen fütterten nicht mehr Krankenschwestern die Gebrechlichen, und auch nicht Pflegefachfrauen, wie sie später hiessen; die Fütterung und Pflege übernahmen vielmehr Roboter. In Japan jedenfalls ist das bereits der Fall – Roboter, die wie Menschen aussehen und sogar sprechen können. Bei uns ist das vorerst noch Zukunftsmusik. Der Untertitel dieses Büchleins lautet nicht zufällig: *Ein Blick aus der Zukunft in die Vergangenheit und Gegenwart.*

Ich wollte bereits im Alter von zwölf Jahren Pfarrer werden – und bin es auch geworden. Deshalb haben sich mir die religiösen Unterschiede von damals bis heute besonders eingeprägt. Die Leserinnen und Leser werden deshalb dem alten Gott noch ein paarmal begegnen. Doch andere Veränderungen waren genauso einschneidend. Auch davon will ich berichten. Mein Buch ist ein Erlebnisbericht.

Die Kriegsjahre

Meine frühe Kindheit war geprägt von den Kriegsjahren. Eine meiner ersten Erinnerungen besteht darin, dass man zu Weihnachten einen Dezi Schlagrahm auf den Kopf bekam. Ich wunderte mich, wie ich aussehen würde, wenn mir Frau Lory aus unserer Quartiermolkerei Rahm auf den Kopf schmieren würde. Ich wusste ja nicht einmal, was Rahm überhaupt war. Milch, Butter, Käse und Fleisch gab es mithilfe von Lebensmittelmarken, Rahm war nur zu Weihnachten erhältlich, ein Dezi pro Person, oder wie die Erwachsenen eben sagten: auf den Kopf.

Die Männer verbrachten den Tag auswärts, um Geld zu verdienen, die Frauen waren zuhause, um auf die Kinder aufzupassen, zu kochen und zu putzen. Die wenigen Coopläden, die es damals gab, hiessen Konsum. Das Konsum war nach damaligen Begriffen ein grosser Laden, aus heutiger Sicht klein; ohne Regale, von denen man die Waren selber hätte herunterholen dürfen, um damit zur Kasse zu gehen. Hinter einem Ladentisch stand die Verkäuferin und fragte die Kundinnen, was sie brauchten. Sie holte das Verlangte aus grossen Schubladen und packte es in Papier ein.

In der Stadt Bern existierte ein einziger Migrosladen. Je nach Arbeitgeber war es den Mitarbeitern nicht gestattet, bei der Migros einzukaufen. Mein Vater, der bei der Ovomaltinefirma Wander tätig war, verbot uns streng, die Migros zu betreten. Aber als ich bereits gross genug war, um für die Familie einzukaufen, wollte ich wissen, ob die Waren aus der Migros gleich gut seien wie diejenigen aus den Quartierläden von Frau Lory, von Bäckersfrau Klöri, Metzger Schnyder, Gemüsefrau Binggeli, Drogist Guggisberg und aus dem Tante-Emma-Laden von Fräulein Bienz. Mama nahm mich mit in die Stadt und pflegte sich in der Nähe der Migros hinter einer Säule zu verstecken. Ich schaute mich vorsichtig um und wenn ich keine Kundinnen kannte, schlich ich mich klopfenden Herzens in die Migros. Dass die ersten Skier meines Lebens aus der Migros stammten, hat mein Vater nie erfahren.

Besondere Lebensmittel wie Reis führten weder das Konsum noch die Migros. Für solche Herrlichkeiten begab man sich in den Kolonialwarenladen oder in die Drogerie. Der Drogist stieg dann auf eine Leiter und holte eine grosse Büchse herunter und mit einem kleinen Schäufelchen beförderte er die Reiskörner auf die Waage.

Der Drogist, das Molkereiehepaar, die Metzger- und Bäckersleute sowie Fräulein Bienz aus dem Tante-Emma-Laden wohnten im selben Haus, in welchem sich ihr Geschäft befand.

Vorkriegswaren hatten die bessere Qualität als Kriegswaren. Meine Mutter war eine bei allen beliebte Frau. Wenn sich ausser ihr niemand in der Molkerei oder in der Drogerie befand, lächelten Frau Lory oder Herr Guggisberg geheimnisvoll und sagten: «Für Sie, Frau Dietler, gibt es Vorkriegsware.» Sie bückten sich und holten aus einem Geheimfach etwas Besonderes, das sie sofort verpackten.

Im Winter trugen wir nie Vorkriegsschuhe. Wir steckten unsere Füsse in sogenannte Holzböden. Ich liebte den Lärm, den sie machten. Der Nassschnee verfestigte sich an den Sohlen jeweils zu Schneeansammlungen, auf denen wir dann wie auf kleinen Stelzen einherstolzierten.

Unangenehm war das Tragen von wollenen Strümpfen, die mit Strumpfbändern an ein besonderes Winterunterhemd geknöpft wurden. Dieses Winterhemd mit Knöpfen, die ins Fleisch schnitten, wurde *Gschtältli* genannt. Die Buben und Mädchen pflegten sich unter Tränen dagegen zu wehren, das *Gschtältli* anziehen zu müssen. Die Tränen nützten nichts. Die Mütter drohten, sie würden uns mit nackten Füssen in die Schule schickten.

Dass in dieser Zeit arme Kinder in den Bergen barfuss durch den Schnee stapften, kam durchaus vor. Als Pfarrer habe ich einmal eine Trauerfeier für eine reformierte Tessinerin gehalten. Ich wunderte mich, denn Tessiner waren meistens katholisch. Ihre Tochter erklärte mir, die Mama sei in einer kinderreichen armen Familie in den Tessiner Bergen aufgewachsen und habe im Winter bei Eis, Kälte und meterhohem Schnee mit nackten Füssen eine Stunde weit zur Schule gehen müssen. Einer ihrer Brüder, der so klein und dünn war, dass er sich zur Entrussung der Öfen gut in enge Kamine zwängen konnte, wurde als Kinderkaminfeger nach Mailand abgeschoben. Als der Vater starb, nahm die Fürsorge der Mutter die Kinder weg und brachte sie in verschiedenen Klöstern in der deutschen Schweiz unter. – Man stelle sich das vor: italienischsprachige Bergkinder in einem deutschsprachigen Kloster! – Wenn das italienischsprachige Kind etwas nicht verstand, wurde es geschlagen. Im Alter von sechzehn Jahren wurde das Mädchen aus dem Kloster entlassen. Zu Fuss wanderte es zielbewusst in den Kanton Bern, meldete sich im ersten Berner Dorf im reformierten Pfarrhaus und bat um Aufnahme in die reformierte Kirche. Der Pfarrer und seine Frau nahmen das Mädchen in ihre Familie auf. Die Drohungen, unter denen die Mütter uns zwangen, das *Gschältli* anzuziehen und die Wollstrümpfe daran zu befestigen, hatten also einen realen Hintergrund.

Ausser dem *Gschältli* und den Wollstrümpfen gab es nur noch eine Sache, die wir fast ebenso sehr hassten: Das waren die Gasmasken, die wir uns übungshalber von Zeit zu Zeit überstülpen mussten. An und für sich war es recht lustig, Papa, Mama und meinen Bruder Kurt als Ungeheuer zu sehen und ihre dumpfen Stimmen zu hören, doch hatte ich in diesen Masken Mühe zu atmen. Ich hatte das Gefühl zu ersticken.

Es herrschte Verdunkelung. Wenn ein Lichtstrahl aus einem Fenster drang, klingelte es an der Tür und ein Securitaswächter forderte uns auf, das Fenster besser zu verdunkeln. Manchmal heulten die Sirenen. Das war die Aufforderung, sich in den Keller zu begeben. Kaum jemand gehorchte dem Befehl. Man löschte das Licht, öffnete die Fenster und beobachtete am Himmel die Flugzeuge, welche von den Scheinwerfern unserer Armee erfasst wurden. Dann donnerten Kanonen. Da wir ein neutrales Land waren, durften weder die Deutschen noch die Alliierten unser Land überfliegen. Die Alliierten warfen Zettel über der Schweiz ab, die wir Kinder am Morgen eifrig einsammelten. Was darauf stand, weiss ich nicht mehr – vermutlich die Bitte, man möge die Flugzeuge der Alliierten nicht abschiessen.

Lieder gestern und heute

Als Kinder sangen wir oft und gerne: beim Abwaschen, wenn wir der Mutter beim Abtrocknen halfen, beim Burgen-Bauen im Sandkasten, aber auch auf der Toilette und beim Velofahren. Es gab nichts Herrlicheres, als sich beim Velofahren den Wind um die Ohren pfeifen zu lassen und dazu zu singen. Die allerersten Lieder, an welche ich mich erinnere, drückten aus, dass die Zeit des Hungerns noch nicht lange zurücklag und wir uns mitten im Krieg befanden. Ich sass auf dem Mäuerchen vor unserem Haus und sang. Die Nachbarn hörten zu. Sie blieben stehen und forderten mich auf, zu ihnen nach Hause zu kommen und zu singen. Ich bekam zwanzig Rappen, manchmal gar fünfzig Rappen, wenn ich zum Singen antrat.

Ich sang:

Mutter, Mutter, es hungert mich, gib mir Brot, sonst sterbe ich.
Warte nur, mein liebes Kind, morgen wird geerntet sein.

Mutter, Mutter, es hungert mich, gib mir Brot, sonst sterbe ich.
Warte nur, mein liebes Kind, morgen wird gedroschen sein.

Mutter, Mutter, es hungert mich, gib mir Brot, sonst sterbe ich.
Warte nur, mein liebes Kind, morgen wird gemahlen sein.

Mutter, Mutter, es hungert mich, gib mir Brot, sonst sterbe ich.
Warte nur, mein liebes Kind, morgen wird gebacken sein.

Als das Brot gebacken war, lag das Kind in seinem Sarg.

Das Hungerlied kannte ich von Mama und den Tanten, die als Kind gehungert hatten. Oft hatte es bei ihnen nur zu einer einzigen Mahlzeit am Tag gereicht.

Bei meinem kleinen Cousin Peter wurde nicht nur das Hungerlied gesungen: Wenn das verwöhnte Söhnchen sich weigerte, die tägliche langweilige Gerste zu essen, griff Tante

Trudi dramatisch nach dem Vorhang, kaute schauspielerisch daran und rief dazu: «Peter, auch du wirst vielleicht noch einmal am Hungertuch nagen.» Sie und ihre sechs Schwestern hatten als Kinder buchstäblich am Hungertuch genagt.

Doch nicht nur der Hunger lag uns nahe, sondern auch der Krieg. Wenn ich in den Nachbarhäusern das Lied vom sterbenden Krieger und seinem Mütterlein sang, brachen vor allem die älteren Menschen in Tränen aus.

Leise tönt die Abendglocke,
alles neigt sich schon zur Ruh,
Vöglein singet Abendlieder,
Sonne sank dem Westen zu.

An dem Bette kniet leise
eine Nonn' in schwarzer Tracht,
betet für den armen Krieger,
der verwundet in der Schlacht.

Beide Beine abgeschossen
und dazu die rechte Hand,
tapfer hatte er gefochten,
für sein teures Vaterland.

Leise klopft es an die Pforte
und ein Mütterlein tritt ein.
Liegt mein Sohn nicht schwer verwundet,
möchte seine Pfleg'rin sein.

Und die Nonne spricht zur Mutter:
Euer Sohn, der lebt nicht mehr.
Eben hat er ausgelitten,
seine Leiden war'n zu schwer.

Leise tritt sie an die Bahre,
hob das Leichentuch herab

ein Schrei, dann sank sie nieder,
und man grub für zwei ein Grab.

In der Schule lernten wir selbst in der Kriegszeit eher fröhliche Lieder. In der ersten Klasse lehrte uns die Lehrerin:

Jitz chöimer id Schuel gah
Jitz chöimer id Schuel gah
heissa viktoria, jitz chöimer id Schuel gah

Roti Rösli im Garte, Meierisli im Wald,
we der Wind chunt cho blase, so verwelke si bald.

Am Morge früe, we d'Sunne lacht,
gahni zu dene Chüene use.

Lustig ist das Zigeunerleben
faria, faria ho

Es isch am Oschtermorge am Buechwäldlirand
Es Schärli Oschterhase springt fröhlech umenand.

Bei den Pfadfindern liebte ich:

Als die Römer frech geworden
simserim sim sim sim sim
zogen sie nach Deutschlands Norden
simserim sim sim sim sim.
Vorne mit Trompetenschall
Täterä tä tä tä
ritt der General Feldmarschall
täterä tä tä tä
Herr Quintilius Varus
Wau wau wau wau wau wau
Herr Quintilius Varus
schnädärä päng, schnäderä päng
schnädärä päng päng päng päng päng

In den Jugendgruppen ging es um die Liebe:

Wenn alle Brünnlein fliessen,
so muss man trinken.
'S ist eine in der Stube drin,
die meine werden muss.
'S ist eine in der Stube drin
ju ja, Stube drin,
die meine werden muss

Abends tönte es in den Häusern:

Luegit vo Bärge und Tal
flieht scho der Sunneschtrahl
Luegit vo Aue und Matte
wachse di dunkele Schatte
d'Sunn uf de Bärge no schtoht
O wi sy d'Gletscher so rot

Gesungen wurde die ganze Zeit. Wir sangen beim Wandern, in der Eisenbahn und auf der Schulreise. Wenn das Toilettenfenster in den Nachbarhäusern offenstand, hörte ich meine Kamerädlein auf der Toilette sitzend singen. Alles war erfüllt von Gesang. Heute stopfen sie sich Stöpsel in die Ohren, hören Musik und starren auf die Smartphones. Der Gesang ist verstummt.

Die lachende Leiche

Während des zweiten Weltkriegs wurden Männer, die zu alt waren für einen Einsatz in der Armee, sowie Frauen, die sich freiwillig meldeten, zum Luftschutz eingeteilt. Die Luftschutzleute trugen Uniformen wie die Soldaten – blaue Uniformen. Bei den Luftschutzübungen wurden auch Frauen, die nicht zum Luftschutz gehörten, einbezogen. Bei einer solchen Übung musste meine Mutter, die keine Luftschutzfrau war, eine Verletzte spielen, die wegen eines Gasangriffs Atembeschwerden hatte. Sie lag in unserer Wohnküche am Boden, bekniet von zwei Luftschutzfrauen, welche ihre Arme in ruhigem Atmungsrhythmus hin- und herbewegten und dazu regelmässig *einundzwanzig, einundzwanzig* murmelten. Auf einmal stürzte Drogist Guggisberg in blauer Uniform herein und rief: «Was macht ihr da? Dieses Haus ist bombenzerstört, Frau Dietler ist eine Leiche!» Da bekam die Leiche am Boden einen ihrer berühmten Lachanfälle.

Das beliebte Übungsfeld der Luftschutzfrauen war das Steinhölzliwäldchen. Wenn kein Angriff erfolgte, sassen die uniformierten Damen am Waldrand und sangen Lieder. Ihr Lieblingslied war *Was sollen die Soldaten essen, Kapitän und Leutenant? Gebratene Fisch mit Kressen, das sollen die Soldaten essen.* Dieses Lied amüsierte mich besonders, weil Frau Binggeli vom Gemüseladen, die ganz bestimmt keine Fische verkaufte, es als Vorsängerin sehr ergreifend sang. Ich schaute den Luftschutzfrauen gerne zu, wenn sie, sich von Baum zu Baum bewegend, um vom Feind nicht gesehen zu werden, durch den Wald schlichen. Luftangriffe wurden durch den Pfiff aus einem silbernen Trillerpfeifchen simuliert. Wenn Frau Binggeli pfiff, warfen sich sofort alle Frauen flach auf den Boden. Ich besass auch ein solches Pfeifchen. Es hatte dieselbe Wirkung wie bei Frau Binggeli, doch die Luftschutzfrauen hatten keine Freude an mir und schickten mich zurück in das zerbombte Haus mit der lachenden Leiche.

Die Hand von Bruder Klaus

Eines Tages wäre aus dem Spiel mit den Luftangriffen beinahe Ernst geworden. In den Familien waren die Väter verschwunden, sie waren im Aktivdienst. Unsere liebe Putzfrau, Frau Küng, wichste weinend den Boden unserer Stube, einer Stube, die wir während des Krieges nur zu Weihnachten benutzen durften, die aber dennoch geputzt werden musste. Meine Mutter, ebenfalls schluchzend, brachte den gewichsten Boden mit dem Blocher (nicht Christoph) zum Glänzen. Die beiden Frauen umarmten sich, da sie sich vielleicht zum letzten Mal sehen würden. Wir wussten, dass ein deutscher Angriff auf unser Land unmittelbar bevorstand. Dieser wäre auch tatsächlich erfolgt, wenn nicht in Basel an der Grenze zu Deutschland am Himmel die Wolkenhand von Bruder Klaus, unserem Nationalheiligen, erschienen wäre. Das hatten vermutlich auch die Deutschen gesehen, denn sie kamen nicht. Zwei Tage später wollten viele dieselbe Hand auch anderswo gesehen haben. Sie muss sich über die ganze Schweiz gestreckt haben, denn plötzlich erinnerten sich Frau Küng und Mama, dass diese Hand genau über unserem Haus ausgestreckt gewesen war. Das bestätigte Frau Gmür aus dem Nachbarhaus, nur war die Hand über ihrem Haus ausgestreckt gewesen – doch wer weiss das so genau bei Nachbarhäusern? Die Hand hatte auch Madame Spychiger in der weiteren Nachbarschaft über ihrem Haus gesehen – nur war es bei Madame Spychiger *la main de Jean Calvin*, wie die calvinistische Waadtländerin der katholischen Frau Gmür gegenüber betonte. Aber von göttlichem Schutz sprachen beide.

Hier spricht London! Hier spricht London!

Mein sieben Jahre älterer Bruder Kurt wusste genau, was man mit dem Radio machen musste, damit wir die deutschen Sondersendungen von BBC London hören konnten. Mehrmals am Tag erschollen am Radio drei kurze und ein langer Paukenschlag. Dank eines Beethovenkonzerts, das ich als Erwachsener besuchte, weiss ich heute, dass es die Paukenschläge aus der fünften Symphonie von Beethoven waren. Nach den zweimaligen Paukenschlagsequenzen meldete sich ebenfalls zweimal eine klare ruhige Stimme mit englischem Akzent: *Hier spricht London! Hier spricht London!* Ob die BBC-Stimme wirklich das sagte, was ich hier schreibe, oder ob das spätere Erinnerungen an einen Kriegsfilm sind, lässt sich nicht entscheiden. In meinen Erinnerungen tauchen auch Codesätze auf wie *Die Katze auf dem Dach gurrt wie eine Taube.* Im Krieg enthielten solche Sätze Mitteilungen, die über Leben und Tod entschieden. Wie ich nach Jahren erfuhr, gehörte die Stimme einem deutschen Schauspieler, der in England lebte, der aber bewusst klar und emotionslos mit englischem Akzent sprach, um einen Kontrast zu Hitlers deutschem Gebrüll zu setzen. Die BBC-Sendungen waren als psychologische Kriegsführung vor allem für Deutschland bestimmt. Ich erinnere mich auch an sinnvolle Sätze wie: *Friede mit Deutschland – ja! Friede mit Hitler – nie! Friede mit den Nationalsozialisten – nie! Friede mit den deutschen Marschällen – nie! Selbst wenn es zehn Jahre dauern sollte – nie!*

Obwohl ich als Kind nicht viel von den kriegerischen Ereignissen verstand, war ich jedes Mal wie elektrisiert, wenn die Beethoventrommel dreimal kurz und einmal lang erklang, gefolgt von dem Ruf: *Hier spricht London! Hier spricht London!*

Aujourd'hui ce n'est pas samedi

Nach dem Krieg wurden viele halbverhungerte Kinder aus dem Ausland für mehrere Erholungsmonate in Schweizer Familien aufgenommen. Wenn ein Gewitter heraufzog und es donnerte, rannten sie weinend in den Keller und riefen: «Bomben! Bomben!» Die Schweizer Gastväter mussten ihnen liebevoll erklären, was ein Gewitter ist. Als wir unseren österreichischen Buben beim Roten Kreuz abholten, staunte ich über die Kleiderlumpen, in die er gehüllt war. Als wir ihn bei Loeb neu einkleideten, fiel sein Blick auf etwas, das für uns nach dem Krieg wieder eine Selbstverständlichkeit geworden war, für ihn aber nicht. Ich höre noch heute seinen Satz: «Darf ich bitten um eine Schokolade.» Weniger Freude hatte meine Mutter, die er Tante nennen durfte, als er bei der Gerste verächtlich sagte: «Das geben wir den Hühnern.» Glace kannte er nicht. Als er zum ersten Mal Glace sah, neckte ich ihn und warnte, er werde sich die Lippen verbrennen. Er blies gehorsam zur Abkühlung in das Eis, bevor er vorsichtig davon kostete.

Etwas Besonderes waren für uns Schweizer Kinder die kriegsversehrten Kamerädlein. Ich erinnere mich an ein Mädchen mit einem Holzbein.

Ein deutscher Bub wusste bereits, dass Hitler ein böser Mensch gewesen war, aber er konnte sich den Hitlergruss lange Zeit nicht abgewöhnen. Er hob den Arm und rief: «Heil Hitler, das war ein böser Mensch!»

Zum Ende der Kriegsjahre gehörte auch das Kennenlernen von Früchten, die wir Kinder nie zuvor gesehen hatten, unter anderem gelbe, lange krumme Früchte, genannt Bananen.

Vor dem Krieg hatte eine rege Bautätigkeit eingesetzt. Es waren Wohnblöcke und Einfamilienhäuser gebaut worden. Meine Familie wohnte in einem Einfamilienhaus. Autos gab es selbst nach dem Krieg nur ganz wenige. Mein Vater besass als

Propagandist für Ovomaltine bereits kurz vor dem Krieg ein Auto für seine Arbeit, doch als der Krieg ausbrach, durfte er dieses nicht benutzen – nur putzen. Für mich war als Kind klar: Autos waren ein Schmuckstück, das man reinigen musste. Dass man damit auch fahren konnte, merkte ich erst später.

Die gute Stube in unserem Einfamilienhaus wurde nur zu Weihnachten betreten. In der Weihnachtszeit wurde das ganze Haus mit der Kohlezentralheizung geheizt, ausserhalb von Weihnachten lebten wir wie alle anderen Leute in der Wohnküche um einen kleinen Ofen gedrängt, der mit Holz geheizt wurde. Kleinere Mahlzeiten wurden auf diesem Öfelchen zubereitet.

Nach dem Krieg konnten wieder Häuser und Strassen gebaut werden, doch das brauchte Zeit. Die Eltern der Kinder meiner Generation hatten in alten Wohnblöcken ohne Bad gewohnt. Die Basler Tramstation Brausebad erinnert an die damalige gelegentliche öffentliche Körperreinigung. Später konnte man Badewannen, die auf kleinen Füssen standen, kaufen und zuhause aufstellen. Wie es um die Hygiene stand, drückt ein Witz um den beliebten Bundesrat Minger aus: Als dieser in der Westschweiz in einem Hotel übernachtete, wurde ihm stolz das schöne Badezimmer gezeigt. Ruedi Minger war beeindruckt. Mit seinem starken Deutschschweizer Akzent sagte er: «Tu sa e tre boh, me oschurdwi sö ne pa Samdi.»

Ich hatte Kameraden, die gebadet wurden, wenn die Mutter in der Waschküche grosse Wäsche hielt und mit dem Restwasser für die Kinder ein Bad bereitete. In der Familie meiner Frau Vreni befand sich die Badewanne in der Küche; sie war mit einem grossen Brett zugedeckt, sodass man sie als Esstisch benutzen konnte. Vreni ist mit drei Brüdern aufgewachsen. In den ersten Jahren gab es in der kleinen Wohnung das Schlafzimmer der Eltern, ein Bubenzimmer und eine Stube. Meine Frau schlief in den ersten Nachtstunden im Bett der Eltern. Wenn diese zu Bett gingen, trugen sie das Mädchen in die Stube.

Meine Schulkameradinnen und -kameraden schliefen alle in einem eigenen Bett, doch es gab in unserem Land nicht wenige Kinder, die ihr Bett mit Geschwistern teilen mussten. Ich erinnere mich an eine Geldsammelaktion mit dem Motto: Jedem Schweizer Kind sein eigenes Bett.

Zwischen den grossen Schweizer Städten gab es asphaltierte Strassen. Da mein Vater nach dem Krieg für seine Vertreterarbeit wieder mit dem Auto fahren durfte, nahm er Mutter und mich manchmal mit in die Dorfläden – eine vergnügliche Ausfahrt. Die Dörfer waren durch Schotterstrassen miteinander verbunden, sodass wir im Auto die Fenster schliessen mussten, um auf der Vergnügungsfahrt nicht im Staub zu ersticken. Dafür verschmachteten wir dann bei geschlossenen Fenstern fast vor Hitze. Während Papa im Dorfladen die Produkte seiner Firma anpries und Bestellungen entgegennahm, warteten Mama und ich, ein Buch lesend, im Auto. Manchmal spielte ich mit den Dorfkindern, welche staunend das Auto umstanden. Die wenigen Autos, welche sie gesehen hatten, waren viereckige Kastenwagen, doch mein Vater hatte kurz vor Ausbruch des Krieges einen schnittigen abgerundeten Lancia gekauft und war damit etwa drei Monate lang zur Kundschaft gefahren. Sieben Kriegsjahre lang besuchte er die Kunden in einer Kombination von Eisenbahn und Velo, zuerst noch weitgehend mit der Dampfbahn, doch weil auch diese mit Kohlenenergie lief, wurde die Elektrifizierung der Eisenbahnen stark gefördert. Eine der letzten Dampfzugreisen, an die ich mich erinnere, war die Strecke von Kerzers nach Murten, wenn Mama, mein Bruder Kurt und ich Papa ans Murtenschiessen begleiteten. Am Murtenschiessen drückte mir – o Wonne! – der Retter der Schweiz, General Guisan, die Hand.

Nach dem Krieg verschwanden durch die intensive Bautätigkeit die Staubstrassen sehr schnell. Auf dem Bau und auf den Strassen arbeiteten vor allem Italiener. Sie lebten eng zusammengepfercht in Baracken. Da sie in der Schweiz weder ihre Mütter noch ihre Frauen um sich hatten, die ihnen im Winter, wenn sie unser

Land verlassen mussten, beim Packen hätten helfen können, bot sich kurz vor Weihnachten in den Zügen nach Italien immer ein seltsames Bild: ein grosses Gedränge von Männern mit einer Unmenge von zusammengeschnürten Kartonschachteln und gefüllten Stoffbündeln.

Italiener gab es nach dem Krieg in der ganzen Schweiz, doch einzig in Bern mit seinen Botschaften sah man von Zeit zu Zeit auch exotisch aussehende Menschen. An unserem Haus neben dem Hessgut-Schulhaus gingen vereinzelt asiatische Schülerinnen und Schüler vorbei. Laut Pressemeldungen war auch Kim Jong-un, der Herrscher von Nordkorea, in besagtem Schulhaus ein ABC-Schütze und ging folglich ebenfalls an unserem Haus vorbei.

In Bern wohnte ein Mann, den man in der damaligen Zeit problemlos als N-Mann bezeichnen durfte, ein Afroamerikaner, der mit einer Schweizerin verheiratet war. Er ging regelmässig in der Aare schwimmen. Wir Kinder nannten ihn begeistert unseren Bade-N. Manchmal sprach er sogar mit uns. Die wenigen N-Leute, zu denen wir Kinder Kontakt suchen konnten, waren amerikanische Soldaten in Uniform. Der erste Satz, den wir Buben auf Englisch lernten, lautete: «Chewing gum, please.» Die Berner KaWeDe – im Sommer ein Schwimmbad, im Winter eine tolle Eisbahn – zog die schwarzen Soldaten zum Eislaufen magisch an. Die meisten standen zum ersten Mal mit Schlittschuhen auf dem Eis. Sie torkelten und stürzten. Dankbar nahmen sie die Hilfe von uns Kindern an. Wir fassten sie an der Hand und führten sie in die Kunst des Eislaufens ein. Die amerikanischen Soldaten waren Helden, die Europa von Hitler befreit hatten. Natürlich gab es auch weisse amerikanische Soldaten, doch unterrichtete ich diese nur im Schlittschuhlaufen, wenn keiner der schwarzen Helden zu sehen war. Wenn ein N-Mann auftauchte, war ich auf meinen Schlittschuhen schneller als alle anderen Buben und eroberte den schwarzen Schlittschuhhelden. Es kam vor, dass den Soldaten die zu verteilenden Kaugummis ausgegangen waren. Wenn wir jedoch lange genug bettelten, erhielten wir den Chewing gum, den sie bereits gekaut hatten. Die vorgekauten Gummis verkaufte ich anschliessend meinen Kameraden zu horrenden Preisen. Für weissgekaute Gummis erhielt ich zehn Rappen, für die schwarzgekauten sogar zwanzig Rappen.

Immer wieder dieses blöde Kenya

Von Bern bis Interlaken sind es etwas mehr als sechzig Kilometer. Für die damalige Zeit war das eine grosse Distanz. Ich war stolz auf meine Verwandten im fernen Interlaken, die wir von Zeit zu Zeit besuchten, und ich war neidisch auf die Nachbarskinder, welche Verwandte im noch viel ferneren Kreuzlingen am Bodensee hatten. Wenn Norbert, Evi und Ruth nach Kreuzlingen verreisten, war das für mich so etwas wie heute eine Reise auf einen anderen Planeten. Nach dem Krieg wanderte der Abwart unseres Schulhauses mit seiner Familie nach Kanada aus. Seine Kinder waren meine Freunde. Die Auswanderung von Familie Bürki war für mich genauso schlimm, wie wenn sie alle gestorben wären. Ihre Reise dauerte mehrere Wochen; privat benutzte damals noch niemand ein Flugzeug. Heute bedeutet die Reise nach Kanada oder Australien nicht mehr den Tod. Die Leute kommen ja nach zehn Tagen wieder zurück und wir fragen sie gerade noch: «Wie war das Wetter?» Eine meiner Konfirmandinnen sagte gelangweilt: «Jetzt muss ich in den Ferien mit den Eltern schon wieder nach Kenya – immer wieder dieses blöde Kenya!»

Vor achtzig Jahren lebte man dort, wo man geboren war, erlernte einen Beruf, trat in eine Firma ein, erhielt von dieser nach fünfundzwanzig Jahren eine goldene Uhr und blieb bis zur Pensionierung dort. Die Kinder hatten ein Elternhaus mit Vater und Mutter, demselben Vater und derselben Mutter. Scheidung kannte man nur vom Hörensagen, kam jedoch kaum persönlich in Berührung mit Menschen in dieser Situation. Kinder mit japanischen Müttern oder mexikanischen Vätern kannte ich keine. Ab und zu hatte ein Deutschschweizer eine welsche Frau, was geschätzt wurde, oder noch viel seltener eine deutsche Frau, was unmittelbar nach dem Krieg gar nicht lustig war. Kindern, die als Mutter einen Mann oder als Vater eine Frau hatten, bin ich erst im Alter von fünfzig Jahren begegnet.

Ich lehne das Neue nicht einfach ab, ich habe ja selber den Bund männlicher Ehepaare gesegnet. Vieles am Alten war streng und starr. Aber gar keine Traditionen mehr zu haben, ist ein Verlust. Jeder Schweizer, jede Schweizerin gehörte zu einer Kirche und blieb ein Leben lang in dieser Kirche. Es gab keine anderen Religionen und schon gar keinen Atheismus. Kirche und Tradition verliehen dem Leben eine Struktur. Es gab Weihnachten, Karfreitag, Ostern und Pfingsten; es gab Arbeitstage und einen Sonntag ohne Arbeit. Im Januar assen wir keine Erdbeeren, aber wenn wir im Spätfrühling Erdbeeren pflückten oder kauften, schmeckten diese tatsächlich nach Erdbeeren und nicht wie heute nach nichts. Freunde, die man regelmässig zum Essen einlud, durfte man mit den Speisen beglücken, die sie bereits kannten, es musste nicht immer etwas Neues sein. Heute leben wir in Europa in einer Fülle von Speisen mit oder ohne Messer und Gabel, mit oder ohne Stäbchen oder von Hand, scharf, süss, sauer, vegetarisch oder vegan; wir haben eine Auswahl von Ferienmöglichkeiten, Freizeitangeboten, sexuellen Freiheiten, Glaubensauffassungen und Weltanschauungen, dass es geradezu langweilig wird – *immer wieder dieses blöde Kenya!* Weniger wäre manchmal mehr.

Wunder

Nach dem Krieg machten zwei Wunder von sich reden: das deutsche Wirtschaftswunder und das Wunder von Bern. Das Wirtschaftswunder war ein gewaltiger wirtschaftlicher Aufschwung des zerstörten Deutschland. Diejenigen Deutschen, die den Krieg überlebt hatten, erwiesen sich als zäh und opferwillig. 1948 setzten mit dem Marshall-Plan, von welchem Deutschland unter kundiger Leitung von Wirtschaftsminister Ludwig Erhard ganz besonders profitierte, der von den USA initiierte Wiederaufbau und die wirtschaftliche Förderung Europas ein. Das Wunder von Bern war der Sieg der deutschen Fussballmannschaft über die favorisierte ungarische Mannschaft am 4. Juli 1954 vor 60'000 Zuschauern im Wankdorfstadion; er stärkte das Selbstbewusstsein der Deutschen.

Die Schweiz mit ihren unzerstörten Fabriken, die nach dem Krieg sofort exportieren konnten, erlebte ein fast noch grösseres Wirtschaftswachstum, was allerdings nicht als Wunder galt, sondern angesichts der intakten Strukturen zu erwarten gewesen war. Da 99 Prozent der Schweizer einer Kirche angehörten, begannen die kirchlichen Steuergelder munter zu fliessen. Es wurden viele neue Kirchen und Kirchgemeindehäuser gebaut. Am Sonntag waren diese Kirchen voll. Die Schrecken des Kriegs und die Dankbarkeit über dessen Ende trieben die Menschen in die Kirchen. Heute sind nicht wenige dieser neuen katholischen und reformierten Kirchen nicht mehr in Gebrauch. Sie wurden an orthodoxe Christen oder Freikirchen abgetreten oder dienen kulturellen Zwecken, oder sie wurden Flüchtlingsunterkünfte oder Restaurants. Dasselbe Schicksal erlitten altehrwürdige Klöster.

Kinderspiele

Es gab auf Spielplätzen wie heute auch Klettergerüste und Rutschen und auch Sandkästen – aber noch viel lieber beschäftigten wir uns mit Sing- und Sprechchorspielen.

> *Wir kommen aus dem Morgenland,*
> *Die Sonne hat uns schwarz gebrannt,*
> *Meister, gib uns Arbeit!*

> *Was für eine?*

> *Gute und feine.*

> *Macht es einmal vor!*

Wir mussten dem Meister mit Zeichensprache kundtun, für was für Arbeiten wir uns anstellen lassen wollten. Wenn er nach zahlreichen Falschinterpretationen das Richtige erriet, mussten wir davonrennen. Wen er erwischte, war neuer Meister, und das Ganze fing von vorne an.

Da wir die seltenen N-Männer sehr verehrten, hatten Spiele, die wir heute als eindeutig rassistisch bezeichnen, nichts mit dem Bade-N oder den amerikanischen Soldaten zu tun. Die Arbeitsuchenden waren ja wir selber, nur waren wir zu lange an der Sonne gewesen.

Aus dem Morgenland kamen sowohl Buben als auch Mädchen. Das Spiel mit der Köchin Dastezia dagegen war ein Ringelreihenspiel nur für Mädchen. Ich brauchte einige Zeit, bis ich als Fünfjähriger begriff, dass Dastezia im Spiel der grossen Mädchen kein Name war, sondern die Köchin, die da stand – da steht sie ja.

> *Ist die schwarze Köchin da? Nein, nein, nein.*
> *Dreimal muss ich rummarschieren,*

das vierte Mal den Topf verlieren,
das fünfte Mal – komm mit.

Und dann wurde ein Mädchen aus der Reihe mitgenommen. Wenn nur noch ein einziges Mädchen übrig blieb, lautete der Spruch:

Ist die schwarze Köchin da? Ja, ja, ja.
Da steht sie ja, da steht sie ja
die Köchin aus Amerika
Zisch, zisch, zisch

Die Übriggebliebene wurde spöttisch ausgezischt. Anstatt *zisch, zisch, zisch* konnten die Mädchen auch rufen: *pfui, pfui, pfui.*

Buben und Mädchen spielten gemeinsam: *Was weiter mache, we die schwarze Manne chöme? – Usrysse u flie!*

Die schwarzen Männer, vor denen wir flohen, waren in unserer Vorstellung böse weisse Männer, die ihre Gesichter mit Schuhwichse schwarz angestrichen hatten.

Als Erwachsener habe ich sowohl Männern als auch Frauen aus Afrika das Sonntagsschulkässeli mit dem Negerli gezeigt. Als Kinder steckten wir in der Sonntagschule ein Zwanzigrappenstück in das Kässeli, worauf das Negerli dankbar mit dem Kopf wackelte. Meine afrikanischen Freundinnen und Freunde haben das Negerli mit einer Mischung aus ungläubigem Staunen und lachendem Grimm begutachtet.

Im Alter von sechzehn Jahren gewann ich in einem Wettbewerb eine Reise nach Paris. Als erstes besuchte ich eine Moschee – ich wollte endlich einmal Muslime sehen; in der Schweiz war ich keinem einzigen begegnet. Ich war zweiundzwanzig, als ich durch Skandinavien trampte. In Schweden lernte ich die bildhübsche Aslög kennen. Wir trampten gemeinsam weiter. Eines Tages fragte sie mich, ob ich schon einmal in meinem Leben einen Katholiken gesehen habe; ein Jahr später kam Aslög zum Katholiken-Schauen zu mir nach Bern.

Tramrestaurants und lauwarmer Kakao

Das antike Tram, das heute manchmal als fahrendes Restaurant oder als Märlitram für Kinder unterwegs ist, war zu unserer Kinderzeit eine hochmoderne Errungenschaft, gross und mit abgerundeten Formen. Die üblichen Trams waren kleine viereckige Rumpelkisten mit zwei Angestellten, einem Tramfahrer und einer Billetverkäuferin. Der Fahrer setzte das Tram mit einer Kurbel, welche Schnarchgeräusche von sich gab, in Bewegung. Mit der Schnarchkurbel konnte er das Gefährt auch beschleunigen oder verlangsamen. Autos kamen dem Tram damals nie in die Quere, höchstens einmal ein Velo oder ein Mütterchen, das nicht schnell genug von der Schiene wegkam. Dann brachte der Tramführer die viereckige Menschenkiste schnaaaaaaaarrrrrrrch mit wilden Kurbelbewegungen zum ruckartigen Stehen.

In Stadtteilen ohne Tram verkehrten Arschbusse. Über die Hinterräder hinaus guckte ein verlängerter Passagierteil wie ein Arsch. Die Arschbusse fuhren wegen Benzinmangels nur bis zur nächsten Tramstation, dort mussten wir umsteigen. Bis das Tram kam, konnte ich mir mit stillem Grausen den Soldaten auf dem Plakat an der Station anschauen, der Schweigen gebietend den Finger vor den Mund hielt. Das war eine Warnung: Wer ein Militärgeheimnis verriet, wurde bei Thorberg in einen Wald geführt, an einen Baum gebunden und erschossen.

Während des Kriegs brauchte in der Schweiz niemand zu hungern, doch wir hatten im Gegensatz zu heute keine ausgewogenen Mahlzeiten. Wir lebten von Kartoffeln, Linsen, Griess- und Haferbrei; manchmal gab es Gemüse und einmal in der Woche eine Wurst. Auch in das Brot wurden Kartoffeln eingebacken. Für Kinder im Wachstum war es jedoch wichtig, dass sie Proteine erhielten. Deshalb war es während des Kriegs sowie in den ersten Nachkriegsjahren Pflicht, in der Schule in der grossen Pause aus einem Fläschchen mit einem Strohhalm lauwarmen, grausigen Kakao zu trinken. Das lauwarme Getränk kostete sechzig Rappen die Woche. Familien, die das nicht bezahlen konnten, mussten ein Formular ausfüllen, damit ihren Kindern der lauwarme Kakao gratis verabreicht wurde.

Fliegeralarm und Körperstrafen

Ich fühlte mich als das Kind reicher Leute, denn wir hatten ein Telefon. Für wichtige Mitteilungen an jemanden in der Nachbarschaft rief man bei uns an, dann rannte ich ins entsprechende Nachbarhaus, um die Nachbarin ans Telefon zu holen. Unser Anschluss hatte die Rufnummer 5-08-15; es war ein modernes Telefon ohne Kurbel. Im Primarschulhaus hatten sie ein Telefon mit Kurbel.

Auf den Strassen gab es in der Kriegszeit nur ganz selten ein Auto, und wenn eines kam, hatte es so seltsame riesige metallene Flaschen auf der Aussenseite des hinteren Teils des Wagens. Man nannte diese Autos Holzvergaser. Doch wie gesagt: Autos waren praktisch nicht existent. Auf den Hauptstrassen konnten wir Völkerball spielen, und wenn ein von Pferden gezogenes Fuhrwerk auftauchte, unterbrachen wir kurz das Spiel.

Nach dem Krieg mussten wir die Milch nicht mehr gegen Lebensmittelmarken in einem Milchkessel im Quartierladen von Frau Lory kaufen. Ihr Sohn brachte die Milch auf einem Karren, der von einem Hund gezogen wurde, ins Haus.

Anstatt Kühlschränke hatte man in der Küche ein Speisekämmerchen mit Luftlöchern auf der unbesonnten Nordseite des Hauses. Es gab auch keine Waschmaschinen. Die grosse Wäsche alle sechs Wochen war ein Riesending mit Müttern in der Waschküche, die man im Dampf kaum sah. Am Abend vor dem Ereignis wurde die schmutzige Wäsche jeweils in einem grossen Wassertrog eingeweicht. Am Morgen heizten die Mütter und Waschfrauen dann mit Holzfeuer tüchtig ein und brachten das mit Waschpulver versehene Wasser zum Kochen. Mit schweren Stünggeln (Stösseln) wurden Kleider und Leintücher kräftig gestünggelt und gestampft, auf einem Waschbrett mit Seifenstücken geschrubbt, durchgeknetet, mit Wucht über das Waschbrett geschlagen, in frischem Wasser entseift, in einer Schleudermaschine ausgewrungen und schliesslich im Garten auf Seile gehängt. Vor jedem Wohnblock gab es einen Vorgarten mit verankerten metallenen Wäschestangen, über welche Seile gespannt wurden, an denen die Wäsche lustig im Wind flatterte. An einem Waschtag erinnerten die Vorgärten an einen Hafen mit Segelschiffen. Ausserhalb der Waschtage wurden an besagten Stangen Schaukeln für die Kinder befestigt. Auch unser Einfamilienhaus besass einen solchen Vorgarten. Mit der Schaukel spielte ich mit meinem Freund Heinz Walter *dicke Frau, sitzend und strickend auf dem Bahngleis.* Wenn ich auf der Schaukel hin und her schwang, befand ich mich in einem rasend schnell fahrenden Zug. Trotz meines Eisenbahnwarnrufes Tuuuut gelang es der strickenden dicken Frau nie, das Gleis rechtzeitig zu verlassen. Nach dem Tuuuut warf ich mich von der Schaukel auf Heinz, was für die dicke strickende Frau den Tod bedeutete. Anschliessend wechselten wir die Rollen, Heinz war die Eisenbahn und ich die dicke, strickende Frau. Die zu überfahrende Frau musste im Spiel immer hochdeutsch sprechen. Es war ja Krieg, und das nicht nur im Spiel. Es kam vor, dass wir das Spiel unterbrechen mussten, weil die Sirenen zu heulen begannen und wir ins Haus fliehen mussten.

Kinder und Frauen hatten den Vätern und Ehemännern zu gehorchen. Die Väter kamen abends nach Hause und brüllten die Kinder an. Mein Vater war mit seinem Gebrüll keine Ausnahme.

In der Schule bei Fräulein Hegwein waren wir zweiundfünfzig Kinder. Mit einem langen dünnen, runden, spitzen Stock zeigte sie auf die Buchstaben an der Wandtafel. Wir lasen brav und laut: *A – Apfel, B – Butter ... K – Kuh ... Muh, muh, muh, macht im Stall die Kuh; sie gibt uns Milch und Butter, wir geben ihr das Futter.* Der lange runde, dünne, spitze Stock diente aber auch dazu, die zweiundfünfzigköpfige Rasselbande im Zaum zu halten. Wer laut wurde, musste die Hand ausstrecken und einen Stockschlag entgegennehmen. Das tat unserer Liebe zu Fräulein Hegwein keinen Abbruch; wir schwärmten für sie. Ich liebte unsere Lehrerin so sehr, dass ich aus all ihren Regungen und Bewegungen wusste, was sie als Nächstes sagen würde. Die eine Bewegung bedeutete: «Nehmt das Rechnungsbüchlein hervor!» Bei einer anderen Bewegung folgte darauf: «Ich erzähle euch eine biblische Geschichte.» Bei den biblischen Geschichten klopfte das Herz jeder Schülerin und jedes Schülers höher. Wir liebten die Geschichten, in denen das Volk Israel das Sklavenhaus Ägypten verliess und in das gelobte Land *Kanada* zog. (Fräulein Hegwein hatte natürlich Kanaan gesagt.) Das kleine Volk war auf seinem Auszug umzingelt von Feinden. Wir Kinder fühlten, dass das die Geschichte unseres eigenen kleinen Volkes war. Wir waren umzingelt von den bösen Deutschen, aber Gott würde uns glücklich durch diese Gefahr führen. Wir Schweizer waren das auserwählte kleine Volk Gottes.

Die Primarschuljahre bei Fräulein Hegwein fielen noch in die Kriegszeit. Wenn die Sirenen heulten, folgten die Schüler und Schülerinnen aller Klassen dem Lehrpersonal augenblicklich in den Luftschutzkeller. Bern wurde nie von Bomben getroffen. Grenznahe Städte jedoch wie Basel und Schaffhausen wurden von amerikanischen Fliegern irrtümlich angegriffen. Dass Schweizer Kinder sich in den biblischen Geschichten mit dem auserwählten, von Gott beschützten Volk identifizierten, ist nachvollziehbar.

Fräulein Hegwein konnte allen Ernstes fragen, wer schon einmal einen Engel gesehen habe. Sie und die ganze Klasse freuten sich, als Willy sich meldete. Er selber hatte noch nie einen Engel gesehen, aber seine Mutter in der Küche. Sie war gerade am Kochen, als es plötzlich hell wurde. Sie drehte sich erstaunt um und sah gerade noch einen Flügel des Engels. Was Willys Mutter gesehen hat, weiss ich nicht. Aber es zeigt, dass wir damals viel stärker sowohl in der irdischen als auch in der ewigen Welt zuhause waren.

In meiner Zeit in der Sekundarschule waren wir als Schweizer nicht mehr direkt bedroht. Der Koreakrieg war weit weg. Aber Gott spielte bei den Lehrern und Lehrerinnen immer noch eine grosse Rolle. Bei Herrn Joss mussten wir Kirchenlieder auswendig lernen. Er erklärte uns Zwölfjährigen, dass wir in der Stunde des Todes dankbar sein würden, uns an diesen Liedern festhalten zu können. Als Dreiundachtzigjähriger weiss ich, wie recht Herr Joss hatte, doch damals lachten wir nur über seine Ratschläge. Mit Zwölfjährigen kann man nicht über ihr Sterben reden.

Der grosse Trost für Sterbende meiner Generation ist der dreiundzwanzigste Psalm. Ich habe als Seelsorger beim Beten dieses Psalms oft Augen dankbar aufleuchten sehen, bevor sie sich für immer schlossen. An was sich die heute Zwölfjährigen einmal halten werden, weiss ich nicht. Vielleicht gibt es für sie keinen Halt.

In der Sekundarschule liess man bei einer Bestrafung nicht mehr den Stock auf die Finger sausen. Nun waren Männer die Unterrichtenden, diese arbeiteten mit Ohrfeigen. Von den Ohrfeigen erzählten wir Schüler und Schülerinnen zu Hause lieber nichts, denn sonst gab es von Papa grad noch einmal eine. Heute wird eine grosse Sache daraus gemacht, dass in Kinderheimen Kinder geschlagen wurden. Es mag Exzesse gegeben haben, doch Körperstrafen gehörten nun einmal in den Familien und in der Schule zum Alltag. Ich begegnete oft dem Direktor des Bubenheims Köniz, über dessen Prügelstrafen und fromme Sprüche heute so negativ gesprochen wird. In meinen Augen war besagter Direktor ein gütiger Mann, genau wie mein Vater, der mich mit dem Teppichklopfer bestrafte. Der Direktor sorgte dafür, dass Buben, welche keine Eltern hatten, von Zeit zu Zeit ein Wochenende in Familien verbringen konnten. Auch in unserer Familie nahmen wir solche Buben für ein Wochenende auf. Sie haben sich nie über den Direktor beklagt.

In der Sekundarschule wurde ich von unserem Deutschlehrer mehrmals mit Ohrfeigen zurechtgewiesen, doch war mir bewusst, dass ich einer seiner Lieblingsschüler war. Er lobte mich oft und liess mich immer wieder meine Aufsätze vor der ganzen Klasse vorlesen. Meiner kindlichen Meinung nach war ich jedes Mal zu

Recht geohrfeigt worden. Einmal hatte ich den Unterricht gestört, indem ich die Worte des Lehrers meinen Kameraden ins Ohr flüsternd verdreht hatte. Es war in der Geschichtsstunde. Herr Mühlemann stellte uns die Stadtmauern und Burgen mit ihren Wehrtürmen mit den Schiessscharten vor. Aus dem Wort Schiessscharten machte ich flüsternd ein anderes Wort und reizte dadurch meine Kameraden zum Lachen. Auf Herrn Mühlemanns Stirn schwoll die Zornesader. Er stellte sich drohend vor mich hin und forderte mich barsch auf, laut vor der ganzen Klasse zu wiederholen, was ich geflüstert hatte. Wortgewandt, wie ich war, und in voller Kenntnis dessen, dass unser Lehrer ein guter Schütze war, sagte ich laut *Schiesskarten*, worauf er mir so viele Ohrfeigen gab, bis ich die richtige Verdrehung aussprach. Bei jeder Ohrfeige brüllte er: «Willst du wohl das richtige Wort sagen oder muss ich dir erst wieder eine runterhauen – wassss!» Bei Ohrfeige Nummer zwölf sagte ich endlich *Scheissscharten*, worauf Herr Mühlemann an seinen Platz zurückkehrte und mit seinem Bericht über Städte und Burgen weiterfuhr. Ich habe natürlich die Geschichte mit den Schiessscharten-Schiesskarten-Scheissscharten so oft erzählt, dass sich die Ohrfeigenzahl in meiner Erinnerung mit der Zeit vermehrt hat. Es waren möglicherweise nur sechs. Klar war für mich aber immer: Ich hatte diese Ohrfeigen voll und ganz verdient.

Waschfrauen, Diakonissen und das Frauenstimmrecht

Ich war bereits Vikar in Brienz, als es wie ein Lauffeuer durch das Dorf ging: Einige Kinder hatten nackt im See gebadet. Rings um dieses Ereignis kursierten schon bald Witze. «Ja, waren es Buben und Mädchen?», fragte in einem der Witze eine entsetzte Mutter. «Wie soll ich das wissen?», antwortete der kleine Sohn. «Sie hatten ja nichts an.»

Frauen trugen nur zum Skifahren Hosen. Doch selbst zu meiner Zeit sah ich ab und zu noch Frauen reiferen Datums mit flatternden Röcken die Piste runtersausen. In der Sekundarschule war es für die Mädchen obligatorisch, über dem Rock eine Schürze zu tragen. Wer ohne Schürze in der Schule erschien, wurde nach Hause geschickt. Frauen, die anstatt eines Rocks Hosen trugen, wurden angestarrt, als ob sie Marsmenschen wären, die soeben gelandet waren.

Als Pfarrer habe ich immer versucht, den Brautpaaren den schönen Brauch auszureden, wo bei der Trauzeremonie der Vater die Braut zum Bräutigam führt. Symbolisch bedeutet dieser Akt, dass die Braut den Besitzer wechselt. Bislang war sie der Besitz des Vaters, nun wurde sie der Besitz des Ehemanns. Die meisten Paare liessen sich überzeugen, andere jedoch fanden, dass es eben wunderschön aussehe, wenn der Vater mit der Tochter durch die Kirche schreite. Bei denen, die auf den Brauch verzichteten, suchten wir nach kreativen Lösungen. Meistens betrat das Paar gemeinsam die Kirche. Es kam auch vor, dass die Mutter die Braut brachte, oder die ganze Familie oder Freunde. Wenn die ganze Familie, dann stand auch beim wartenden Bräutigam die Familie, als Zeichen, dass zwei Familien sich miteinander verbanden.

Bis 1977 schrieb das Gesetzbuch vor, dass Frauen nur arbeiten durften, wenn der Ehemann es erlaubte. Der Ehemann hatte auch das Recht, den Arbeitsvertrag seiner Frau gegen ihren Willen aufzulösen.

Konkubinatsverhältnisse standen unter Strafe. Sex ausserhalb der Ehe war tabu. Wenn ein frisch verheiratetes Paar ein Kind bekam, sah man es den lieben Mitmenschen an, dass sie innerlich rechneten, wie viel Zeit seit der Hochzeit verstrichen war. Kamen sie auf neun Monate, lachten sie fröhlich und machten eine entsprechende Bemerkung.

Für viele Frauen war eine Ehe, in der sie dem Mann zu gehorchen hatten, keine Option, und so wählten sie Berufe, in denen es weder Sex noch Gehorsam einem Mann gegenüber gab. In protestantischen Städten gehörten Diakonissen zum Alltagsbild. Dasselbe galt in katholischen Kantonen für die Klosterfrauen, bloss dass diese vom Regen in die Traufe gerieten, denn nun mussten sie der Äbtissin Gehorsam geloben, und diese wiederum gehorchte dem Bischof, also einem Mann. Heute sieht man kaum mehr Diakonissen oder Nonnen, oder wenn, dann jedenfalls keine jungen.

Meine Grossmutter, die ich liebte und bewunderte, wurde früh Witwe. Sie brachte ihre sieben Töchter mit Waschen und Putzen durch. Meine Mutter durfte einmal nach einer Krankheit zur Erholung mit anderen Kindern einen Monat in einem Heim im Berner Oberland verbringen. Sie erzählte immer wieder, wie die Kinder am Bahnhof standen mit einem Plakat um den Hals, auf welchem geschrieben stand: *Notleidende Schweizer Kinder.*

Als ich studierte, gab es selbst an der theologischen Fakultät bereits Frauen, die später als Pfarrerinnen wirken konnten, doch wenige Jahre zuvor waren Studentinnen auch an den anderen Fakultäten noch eine Seltenheit. «Frauen brauchen nicht zu studieren», sagte mein Schwiegervater zu seiner Tochter, «sie heiraten ja sowieso und bekommen Kinder.» Was er sagte, entsprach der allgemeinen Meinung.

Eine verheiratete Frau hatte, selbst wenn sie wie meine Mutter eine Putz-, Wasch- und Bügelfrau zur Seite hatte, Schwerstarbeit zu leisten. Dass Frauen sich daher nicht für Politik interessieren konnten, lag auf der Hand. Die wenigen studierten Frauen, welche das Stimmrecht forderten, lösten bei der Mehrheit der Hausfrauen verständnisloses Kopfschütteln aus.

Die Sonntagsbeschäftigung

Reformierte Kinder wurden von den Eltern gerne in die Sonntagschule geschickt – oder anders gesagt: abgeschoben. Die Erwachsenen waren froh, die Kinder behütet und versorgt zu wissen, sodass sie sich in dieser Zeit ungestört der Liebe hingeben konnten. Die Sonntagschule war gut besucht. Autos, mit denen wir einen Sonntagsausflug hätten machen können, gab es nicht, für das Reisen mit dem Zug hatten die Eltern kein Geld. Was anderes konnte man am Sonntag tun, als in die Sonntagschule zu gehen? Frauen gingen in die Kirche. Für die Männer gab es nebst dem Sonntagssex höchstens den Schiesstand, doch während der Gottesdienstzeit durfte nicht geschossen werden. Kinder durften am Sonntag auf gar keinen Fall mit etwas spielen, bei dem sie hätten schmutzig werden können. Zur Ehre Gottes trugen wir Sonntagskleider, die sauber bleiben mussten. Wir Kinder hassten die Sonntagskleider. Hätte jemand am Sonntag Rasen gemäht oder Wäsche getrocknet, wäre die Polizei gekommen.

Vor achtzig Jahren bereits wandelte sich die Sonntagschule in einen Kindergottesdienst um. Vor der Einführung der allgemeinen Schulpflicht (in der Schweiz 1874) hatte sie – mit der Bibel als Lehrbuch – die Alphabetisierung der unterprivilegierten Schichten vorangetrieben, ursprünglich ganztägig. Auch junge Erwachsene besuchten sie. Das ist in wenig entwickelten Ländern immer noch der Fall.

Missionierung und Evangelisation gelten seit der Pensionierung Gottes als unanständige Tätigkeiten. Heute darf man nach der Meinung vieler nicht einmal mehr getaufte Männer und Frauen an ihre christlichen Wurzeln erinnern, geschweige denn in Ländern mit anderen religiösen Traditionen die Sache Christi fördern. Dass afrikanische Menschen für die Missionierung zutiefst dankbar sind, können sich Europäer heute kaum noch vorstellen. Voller Empörung weisen sie darauf hin, dass Missionare mit den Kolonialbehörden zusammengearbeitet haben. Dass das der Fall war, soll nicht bestritten werden. Ohne die Erlaubnis der Kolonialmächte hätten die Missionare gar nicht erst in diese Länder einreisen dürfen.

Zu Beginn der Missionierung herrschten in Afrika Krankheiten, welche bei Einheimischen und Missionaren einen hohen Blutzoll forderten. Starb dann in Afrika die Frau eines Missionars oder der Mann einer Missionarin, sandte z.B. die Basler Mission einen zu heiratenden Mann bzw. eine zu heiratende Frau in besagte Missionsstation und die Arbeit ging weiter.

Die Missionare bauten nicht nur Schulen und Spitäler, sie errichteten auch Handelsstationen. An einer internationalen christlichen Tagung in London, an der ich teilnahm, stellte sich ein presbyterianischer (reformierter) Pfarrer aus Ghana als Schweizer Afrikas vor. Er sagte wörtlich: «Ohne die Basler Mission wäre mein Land nicht das, was es heute ist. Die Kolonialmacht hat uns die Sprache gebracht, die Schweiz aber den Lebensinhalt und den Aufbau des Landes.»

Ein berühmter Evangelist war der Genfer Henry Dunant. Dass die Organisation, die er gegründet hat, Rotes Kreuz heisst, ist kein Zufall. Dass er auch Mitgründer des CVJM ist, des Christlichen Vereins junger Männer, davon haben viele keine Ahnung. Von ihm stammt der Satz, welcher bis heute die Devise des CVJM ist:

Die Christlichen Vereine junger Männer haben den Zweck, solche jungen Männer miteinander zu verbinden, welche Jesus Christus nach der Heiligen Schrift als ihren Gott und Heiland anerkennen, in ihrem Glauben und Leben seine Jünger sein und gemeinsam danach trachten wollen, das Reich ihres Meisters unter jungen Männern auszubreiten.

Henry Dunant spielte auch für die Förderung der Sonntagschule eine grosse Rolle. Er ist der berühmteste Sonntagschullehrer der Schweiz. Henry Dunant war ein Juniorpartner, der ganz eng mit

seinem damals noch nicht pensionierten göttlichen Vater
zusammenarbeitete.

Die Zwangspensionierung Gottes

Zurück in die Unterstufe zu Fräulein Hegwein. Dass sie jeden Morgen vor Beginn des Unterrichts mit uns betete, gehörte in der ersten und zweiten Klasse zum Pflichtenheft des Lehrpersonals. Katholiken waren damals in Bern Exoten. Wir Kinder kannten den Unterschied zwischen den beiden Konfessionen ganz genau: Die Katholiken rannten jeden Sonntag in den Gottesdienst, weil sie Heuchler waren; die Protestanten dagegen waren keine Heuchler, sie gingen nur in den Gottesdienst, wenn sie das Bedürfnis hatten. Dieses Bedürfnis hatten durchschnittliche Protestanten mindestens zweimal im Jahr, Weihnachten, Karfreitag, Ostern, Pfingsten und Bettag nicht mitgerechnet. An diesen hohen Feiertagen gingen selbst bedürfnislose Protestanten in den Gottesdienst, weil sie wussten, was sich gehörte. An den heiligen Tagen wimmelte es von protestantischen Kirchgängern auf dem Weg zur Kirche, sodass die wenigen Katholiken, die in der Gegenrichtung unterwegs waren, mit Grüssen kaum nachkamen. Und sie grüssten katholisch. Damals hörte man es jedem Schweizer an, ob er katholisch oder reformiert war. Unter den Katholiken war der Satz gebräuchlich: *Ein Katholik, der berndeutsch spricht, ist kein Berner, sondern ein Entlebucher, diese sprechen ähnlich wie die Berner.*

Die kirchliche Zugehörigkeit war eine Selbstverständlichkeit. Aus der Kirche auszutreten, wäre dasselbe gewesen, wie nackt in der Stadt herumzulaufen. Gott war so etwas wie ein Mitbürger, dem man auf Schritt und Tritt begegnete. Wenn man in der Molkerei bei Frau Lory vernahm, wer gestorben sei, sagte man nicht entsetzt: «Aber ich habe Frau Müller doch letzte Woche noch gesehen!» Man hatte nachdenklich zu nicken und geheimnisvoll zu sagen: «Über das Ende unseres Lebens bestimmt ein anderer.» In der Bäckerei, in der Metzgerei und im kleinen Tante-Emma-Laden bei Fräulein Bienz verhandelten die Kundinnen mit den Ladenbesitzern, bei welchem Pfarrer man unbedingt *z'Predig* gehen müsse. Je nach Empfehlung waren gewisse Kirchen am Sonntag gesteckt voll. In Friedrich Dürrenmatts Werk *Der Richter und sein Henker* heisst es von einem Sonntagmorgen in der Berner Altstadt: *Der Strom der Menschen war gewaltig; im Münster hatte Lüthi gepredigt.* Wer damals nicht früh genug ins Münster kam, brachte zur Sicherheit einen Klappstuhl mit, um sitzen zu können.

Bei jeder Schulhauseinweihung waren Gott, der Gemeindepräsident und der Architekt anwesend. Selbst ein SP-Präsident vergass nie, nebst dem Architekten und den Bauarbeitern auch Gott zu danken.

Die Neue Zürcher Zeitung, der Berner Bund und die Basler Nachrichten wurden zwar von den Katholiken durchaus gern gelesen, aber diese und andere Blätter galten als protestantische Zeitungen, weil in heiligen Zeiten bis in die sechziger Jahre auf der Titelseite eine Weihnachts-, Oster- oder Bettagspredigt zu lesen war. Eine der letzten Predigten, die es auf die erste Seite schaffte, war eine Pfingstpredigt von mir.

Gott wurde von Kindern wie ein Kamerad in ihr Spiel einbezogen. Marienkäferchen – von Berner Kindern Himugüegeli genannt – waren Gottes Lieblingstiere, die Engelchen unter den Käfern. Wir nahmen die roten Winzlinge mit den schwarzen Punkten liebevoll in die Hand, liessen sie auf die ausgestreckte Fingerspitze kriechen und chanteten:

Himugüegeli, Himugüegeli flüg uuf
Säg am Liebgott
Das är morn schöns Wätter macht

Wenn das Marienkäferchen dann davonflog, wurde das Wetter schön. Hat immer funktioniert.

In unseren Kinderspielen haben wir einander sogar gesegnet. Ich weiss leider nur noch diesen einen Bruchteil aus dem Spiel, bei welchem wir sangen: *Segne dich mit Kaffeesatz …*

In der Reformationszeit war es für Wirtsleute Pflicht, vor dem Essen mit den Gästen zu beten. Einem Relikt des Gebets vor einem öffentlichen Essen bin ich selbst während meiner Tätigkeit als Pfarrer der Schweizer Kirche London noch begegnet. Wenn die Botschaft Leute aus Wirtschaft und Handel, Politiker, Lords und Schweizer Persönlichkeiten zu einem Dinner einlud, führte uns ein rotuniformierter Speaker durch die Zeremonie des Essens und Diskutierens. Mit dumpfem Hammerschlag gebot er als erstes Ruhe und rief mit tiefer, den Saal füllender Stimme: «Ladies and Gentlemen, silence for the prayer by the Reverend Marcel Dietler!» Nach meinem Gebet liess sich wieder der Speaker hören: «Ladies and Gentlemen, toast for the Queen!» Dann hoben wir die Gläser und riefen: «Toast for the Queen.» Nach dem Essen erfolgte wieder der Hammerschlag mit der Aufforderung: «Ladies and Gentlemen, you may smoke.»

Der Brauch, dass der Wirt mit den Gästen beten musste, hielt sich nicht lange, doch in den Familien wurde das Tischgebet weiterhin gepflegt. In meiner Kinderzeit war das auf dem Land noch überall der Fall. In der Stadt betete wenigstens eine beachtliche Minderheit vor den Mahlzeiten. In frommen Häusern war der Vater der Beter, und er las auch gleich noch einen beschaulichen Kalenderzettel, in weniger frommen Häusern war die Mutter die Beterin und der Kalenderzettel mit den Bibelversen hing immerhin noch an der Wand. In der Nachbarschaft wusste man genau, in welchen Familien das Tischgebet gepflegt wurde. In Gesprächen betonten die Nicht-Tischgebetlerinnen, dass sie als Mütter abends am Bett mit den Kindern selbstverständlich beteten und sangen, in einigen Fällen sogar zusammen mit den Vätern, doch es gab bereits viele Männer, die diesen Brauch den Frauen überliessen. Diese Männer kannten kein entsprechendes Bedürfnis. Sie hatten auch weniger häufig den Wunsch, in einen Gottesdienst zu gehen, aber sie pflegten ihren Frauen zu sagen: «Jetzt gehst du endlich wieder einmal z'Predig.» Doch wenn diese Männer ihre drei bis vier Gottesdienste pro Jahr absolvierten, taten sie das in grosser

Ehrfurcht. Sie setzten sich einen Hut auf, den sie beim Betreten der Kirche vom Kopf nahmen und eine Minute lang vor das Gesicht hielten, bevor sie sich setzten. Einige Männer taten das, weil sie wussten, dass das ein stilles Gebet war, andere schauten bloss in den Hut, weil das eben so Brauch war. Wir bösen Buben pflegten von dem Hutzeremonial grinsend zu sagen: «Sie saufen den Hut aus.»

Als Kind war mir klar, dass ein Gottesdienst unbedingt eine Stunde lang dauern musste. Weil man von einem Pfarrer nicht verlangen konnte, so lange komisches Zeug zu reden, musste man eben singen, um die Stunde voll zu machen. Da ich kein Wort von dem verstand, was der Mann im schwarzen Frauenkleid sagte, war ich voller Fragen, die ich laut stellte. Um mich ruhigzustellen, verlangten die Eltern von mir, gut aufzupassen. Zuhause musste ich mich dann auf einen Stuhl setzen und berichten, was der Pfarrer gesagt hatte. Natürlich wusste ich das nie. Jahre später habe ich mich an meinen Eltern bitter gerächt. Ich hiess sie, sich auf einen Stuhl zu setzen und mir zu sagen, was der Pfarrer gesagt habe. Diesmal war ich derjenige, der genau wusste, was er gepredigt hatte. Sie und ich haben dabei herzhaft gelacht.

Der erste Gottesdienst, an den ich mich erinnere, war nicht ein reformierter, sondern ein katholischer Gottesdienst. Meine Tante Marie, die als Klosterfrau Schwester Maria Bernarda hiess, hatte mich in die Dreifaltigkeitskirche mitgenommen. Die Orgelmusik begeisterte mich und ich forderte meine Nonnentante laut und eindringlich auf, mit mir zu tanzen. Das gefiel einer Frau im blauen Mantel überhaupt nicht und sie wies mich streng zurecht. Meine Nonnentante war über die Zurechtweisung empört und wies nun ihrerseits die Frau im blauen Mantel zurecht. Es entstand ein lautes Wortgefecht zwischen Nonne und Frau Blau, bei dem der Sakristan eingreifen musste. Einen solchen Tumult habe ich in einer Kirche nur noch einmal erlebt, als nämlich ein empörter Gottesdienstbesucher versuchte, den Pfarrer zu ohrfeigen. Ich erinnere mich darum an den Vorfall, weil ich der Pfarrer war, den die Ohrfeige hätte treffen sollen. Der empörte Mann schenkte mir am nächsten Tag zur Versöhnung ein Buch und kam weiterhin in die Gottesdienste. Durch die Szene mit der missglückten Ohrfeige wurde mir stolz bewusst, dass ich kein langweiliger Prediger war.

Discos, Clubs und Musikfestivals existierten vor achtzig Jahren nicht. Hätte es sie gegeben, würden die Jungen kein Geld für solche Vergnügungen gehabt haben. Als Achtzehnjährige leisteten wir uns einmal im Monat einen Kinobesuch für Fr. 1.80. Um ins Kino zu gehen, musste man sechzehn Jahre alt sein. Wer sehr jung aussah, wurde im protestantischen Bern an der Kasse nicht gefragt, wie alt er sei, sondern die Kassiererin fragte: „Schon konfirmiert?" Wer mit *ja* oder *katholisch* antwortete, bekam eine Eintrittskarte.

Da und dort gab es Sport- und Fussballvereine. Am Samstagabend – und nur am Samstagabend – gingen viele Junge schlicht und einfach velofahren oder spazieren. Die grosse Freizeitanbieterin jedoch war die Kirche mit ihren grossen Jugendgruppen. Diese waren gratis. Zudem waren es gemischte Gruppen. Nach dem Abendprogramm liessen sich die Mädchen gerne von einem netten Burschen nach Hause begleiten. Vor der Haustüre übte man Schmusen.

Nach dem Krieg nahm der Strassenverkehr Jahr für Jahr zu. Die Häuser an den Hauptstrassen verloren ihre Vorgärten. Das war für die Kinder ein Nachteil. Da, wo heute der Berner Stadtbus Nr. 10 an der Station Hessstrasse hält, begossen Väter in den damals kalten Wintern die Vorgärten mit Wasser und richteten eine herrliche Eisbahn ein.

Trotz Verkehrszunahme weigerte sich der liebe Gott noch geraume Zeit, in Pension zu gehen. Wenn der Pfarrer mit einem Trauerzug von einem Trauerhaus zu Kirche und Friedhof unterwegs war, mussten Bus und Autos warten, bis der Trauerzug vorüber war. Das war selbst zu meiner Lernvikariatszeit in Brienz der Fall. Brienz liegt nahe beim Militärflugplatz Meiringen. Wenn ich mit einem Leichenzug unterwegs war, rief ich vorher beim Militärflugplatz an, und dann konnte ich beobachten, wie die Flugzeuge vom Himmel verschwanden. Gott hatte Vorrang. Und das mit gutem Recht. Im Kanton Bern nannten sich 90 Prozent der Bevölkerung reformiert, gesamtschweizerisch waren es stolze 52 Prozent. Heute bringen es Katholiken, Reformierte und Freikirchen gemeinsam gerade noch auf knapp über die Hälfte. Die CVP entfernt in diesen Tagen das christliche C aus ihrem Namen.

Selbst von den Kirchen ist der liebe Gott in den Ruhestand versetzt worden. Das Programm der Kirchen unterscheidet sich abgesehen von den Gottesdiensten kaum noch von irgendwelchen weltlichen Programmen. Da aber der alte und doch ewig junge Gott sich mit der Pensionierung nicht zufrieden gibt, wird ihm nichts anderes übrig bleiben, als sich in etwas anderes hinein neu zu erfinden. Das ist ihm bislang noch immer gelungen. Wir dürfen uns auf Überraschungen gefasst machen.

Die Menschen vor achtzig Jahren waren vermutlich nicht christlicher als heute, aber jedenfalls dem Schein nach religiöser. Sie lebten in einer religiösen Welt. Gott, Christus und der Religion begegneten sie auf Schritt und Tritt. Um nicht religiös zu sein, hätten sie aus der damaligen Welt austreten müssen, jedenfalls aus der damaligen Gesellschaft. Es gab wohl Ausnahmen, die beschlossen, nicht mitzumachen. Sie traten aus der religiösen Welt aus – aber es brauchte dazu einen mutigen Entschluss. Und selbst diese Verweigerer stiessen auf Schritt und Tritt auf Gott, denn aus der Welt kann man nun einmal nicht austreten wie aus einer Kirche.

Heute ist es genau umgekehrt. Die Welt – zumindest die europäische Welt und zusehends auch die amerikanische – ist nicht religiös. Wir stolpern im Alltag nicht mehr über Gott. Wer Gott begegnen will, muss die Entscheidung treffen, nicht den

Weg der Mehrheit zu gehen. Eigentlich sollten wir Christen deswegen nicht jammern. Christus hat uns aufgefordert, das Salz in der Suppe zu sein, nicht die Suppe. Jahrhundertelang waren wir die Suppe, jetzt sind wir wieder das Salz.

Nach wie vor gehören in der Schweiz recht viele Menschen zu einer Landeskirche, darunter selbst Agnostiker und Atheisten. Gott stört sie in der Kirche nicht besonders, denn wer heute über achtzig Jahre alt ist, hat in seinem Leben viele neue Wörter lernen müssen. Als ich das erste Mal das Wort Fernsehapparat hörte, schüttelte ich den Kopf und glaubte nicht, dass es so etwas gebe. Unbekannt war für mich auch das Wort Plastik. Frauen hatten in ihrer Handtasche ein sogenanntes Netzli, das sie bei Einkäufen hervorholten. Da die Speisekämmerchen trotz der Luftlöcher im Sommer nie sehr kühl waren, kauften die Mütter nur das Allernötigste ein. Da konnte es vorkommen, dass am Abend keine Butter oder keine Wurst vorhanden war. Das war kein Unglück. Die Mütter schickten die Kinder *hingerine*. Wir klingelten an der Haustür der Molkereifrau oder beim Metzger und erhielten das Verlangte. In der Molkerei hatten sie bereits Vorläufer der Kühlschränke, nicht elektrisch betriebene, sondern Schränke angefüllt mit Trockeneiselementen. Trockeneis ist gefrorenes CO_2, das sich unter Abgabe von Kälte in Luft auflöst. Heute wird es zu Bekämpfung von Ratten verwendet. Trockeneis vor den Ratteneingängen dringt als CO_2 in die Rattenbehausung, sodass die Tiere ersticken.

Im Alter von zweiundzwanzig Jahren ass ich die erste Pizza meines Lebens, gebacken von einem Mitstudenten. Pizzerien waren völlig unbekannt. Ich war vierzig Jahre alt, als ich zum ersten Mal das Wort Computer hörte. Auch das Wort Umweltbewusstsein gab es nicht. Zwar wussten wir Schweizer bereits, dass Kohleheizungen für die Natur nicht besonders gut waren. Darum stellten wir auf Ölheizungen um. Mit Ölheizungen war die Natur offenbar zufrieden, und bekanntlich würde es immer genug Erdöl geben. Wenn jemand behauptet hätte, dass die Erdölvorräte eines Tages erschöpft sein könnten, hätte man ihn für verrückt erklärt – doch es gab selbst in hochwissenschaftlichen Kreisen keine derartigen Verrückten. In der Schule wurde uns beigebracht, dass Gletscher sich in dauernder Bewegung befanden: Manchmal wuchsen sie, dann zogen sie sich wieder zurück, um später erneut zu wachsen. Es tat gut zu wissen, dass Gletscher ewig waren. Im Naturkundeunterricht vernahmen wir, dass die Dinosaurier und die Mammuts ausgestorben waren, aber von einem Insektensterben wussten wir nichts. Als Deutschschweizer Kinder lernten wir mit Begeisterung die Weltsprache Französisch. Wer besondere Freude an Sprachen hatte, wählte zusätzlich das Freifach Englisch, aber bloss zum Vergnügen, denn eine Weltsprache würde Englisch nie werden; „L'anglais n'est même pas une vraie langue", teilte uns unser Neuenburger Französischlehrer selbst im Gymnasium noch mit.

Der Regenbogen

Wörter und bedeutungsvolle Sätze, die damals zu unserem Alltag gehörten, sind heute unbekannt. Wenn jemand sagte: „kein Platz in der Herberge", wusste jeder, dass das ein Hinweis auf Weihnachten war. Beim Regenbogen am Himmel dachte jeder – aber auch wirklich jeder – an den Regenbogen nach der Sintflut. Der Regenbogen war das Zeichen, dass es keine derartige Katastrophe mehr geben sollte. Wir hatten gerade die Katastrophe des zweiten Weltkriegs erlebt. Für uns war der Regenbogen ein Liebeszeichen Gottes, aber auch die Mahnung, nie wieder eine solche Katastrophe auszulösen.

Wer heute das Wort *Bund* hört, denkt an die Berner Zeitung mit diesem Namen oder an die schweizerische Eidgenossenschaft. An die Berner Zeitung und an die Eidgenossenschaft dachten auch wir damals, aber für uns hatte das Wort noch eine weitere Bedeutung, vor allem, wenn am Himmel der Regenbogen erschien. Damals war Gott eben noch nicht pensioniert. Er wandelte zeichenhaft sichtbar in unserer Mitte, in den Wolken als Hand von Bruder Klaus, im Marienkäferchen als Gott, der durchaus etwas mit dem Wetter zu tun hatte, und im Regenbogen als Zeichen, dass Gott einen Bund mit der ganzen Erde geschlossen hatte, nicht einfach mit den Juden und Christen, auch nicht einfach mit den Menschen, sondern mit allen Lebewesen, auch mit den Pflanzen und Tieren. Ein Regenbogen entsteht, wenn das Licht der Sonne sich im Regen bricht. Für das Leben brauchen wir beides, den Regen und die Sonne. Beides kann uns aber auch verderben. Im Regenbogenbund verspricht Gott, dass er sich an sein Versprechen halten und die Schöpfung nicht zerstören wird, sofern auch wir uns an die Bedingungen des Bundes halten und die Erde nicht einfach ausnützen, sondern sie als liebevolle Gärtner hegen und pflegen. Im Regenbogenbund verlangt Gott nicht einmal, dass wir in besonderer Weise an ihn zu glauben hätten. Der Regenbogenbund ist ein Bund mit allen Lebewesen, also auch mit den Atheisten. Er ist der Bund des Hegens und Pflegens. Den Regenbogenbund können folglich alle halten, wenn sie es denn wirklich wollen und tun. Wenn wir dagegen keine pflegenden Gärtner der Erde sind, sondern die Erde, ihre Schätze, die Pflanzen und Tiere hemmungslos ausnützen und ausbeuten, dann bekommen wir es mit Gott zu tun. Dann ist dieser alte Gott auf einmal keineswegs ein pensionierter Gott, sondern ein ewig junger Gott. Das kann sehr unangenehm werden, und dann ist nicht nur der Regenbogen ein Zeichen am Himmel, sondern auch die Dürreperiode, die Waldbrände, die Überschwemmungen und die schwindenden Gletscher. Man kann an Gott glauben oder auch nicht, das trifft nicht seinen Lebensnerv. Aber wenn wir nicht Gärtner sind, sondern Ausbeuter, dann lernen wir eine äusserst unangenehme Seite Gottes kennen.

Am eidgenössischen Dank-, Buss- und Bettag 2020 habe ich in den Zeitungen nicht viel von Gott gemerkt, weder demonstrativ auf der Titelseite noch bescheiden im Innern der Blätter. Begegnet bin ich Gott dagegen – am Montag nach Bettag – vor dem Bundeshaus in Form von hunderten von jugendlichen Klimaaktivistinnen und -aktivisten, die auf dem Bundesplatz ein kreatives Demonstrationscamp mit bunten Zelten und markanten Inschriften aufgeschlagen hatten. Auf dem Dienstagsmarkt auf dem Bundesplatz feierten Demonstranten, Marktleute vom Land sowie städtische Kundinnen und Kunden ein friedliches Miteinander. Ich nehme nicht an, dass die Jugendlichen mit ihrer Demonstration bewusst an die Arche Noah gedacht haben, aber meine Frau und ich haben die Arche Noah gesehen und bewundert. In der Arche sassen und lagen freundliche junge Menschen aus der Westschweiz. Auf dem Segel des Schiffes war zu lesen: *Nous sommes tous dans la même galère.* Für mich war das die Arche Noah.

Auf den Transparenten war nirgendwo etwas von Gott zu lesen. Das wäre vor achtzig Jahren anders gewesen. Doch Gott war anwesend, und er teilte uns deutlich mit:

Menschenkinder, passt auf, ihr seid auf Konfrontationskurs mit mir!

Nachwort

Am Dienstag, 23. September 2020, war von mir folgender Leserbrief im Bund zu lesen:

Wichtig und richtig
Mit ihrem Klimademonstrationscamp auf dem Bundesplatz haben hunderte von friedlich demonstrierenden Jugendlichen klar gegen das Gesetz verstossen. Genau so klar wie auch Carl Lutz, während des zweiten Weltkriegs Vizekonsul in Budapest, gegen schweizerisches und internationales Recht verstossen hatte, als er 68 000 Juden das Leben rettete. Als Zeichen dafür, dass es manchmal richtig und wichtig sein kann, gegen Gesetze zu verstossen, heisst heute im Bundeshaus eines der Sitzungszimmer Carl-Lutz-Zimmer.

In der Nacht vom Dienstag auf Mittwoch wurde der Bundesplatz polizeilich geräumt. Die Räumung erfolgte friedlich. Die Jungen liessen sich von freundlichen Polizeibeamten widerstandslos wegtragen. Einige Demonstranten hatten sich angekettet. Die Ketten wurden von der Feuerwehr weggeschweisst. Das konnte nicht geschehen, ohne dass einige Protest-Kunstwerke, an die sich die Jungen gekettet hatten, beschädigt wurden. In Trümmern lag die Arche Noah; sie lag auf einem Abfallhaufen.

Wir sind auf Konfrontationskurs. Gott meldet sich zurück.

Bücher von Marcel Dietler

Gekrönt oder gehörnt

Mit Gott und Menschen durch die Coronakrise

ISBN-13: 9783751935166

Erscheinungsdatum: 12.06.2020

Über die Bücher gehen

Ein Gespräch mit Bibel-Verächtern, Bibel-Gläubigen, Bibel-Freunden, Bibel-Neueinsteigern und Bibel-Gelangweilten

ISBN-13: 9783750482371

Erscheinungsdatum: 20.03.2020

Pilatus

Die letzten Stunden des Statthalters von Helvetien

ISBN-13: 9783750403390

Erscheinungsdatum: 16.11.2019

Ich freue mich auf meine Beerdigung

Ich werde dabei sein

ISBN-13: 9783749431427

Erscheinungsdatum: 05.04.2019